Doux pays

189 dessins

LIBRAIRIE PLON

Doux pays

PARIS. TYP. DE E. PLON, NOURRIT ET Cie, 8, RUE GARANCIÈRE. — 2654.

Doux pays

— Et dire qu'elle était si belle sous l'Empire !...

189 dessins

LIBRAIRIE PLON

Sous CARNOT

— Papa, ne te trompe pas pour ta bombe : 201 C⁵ Ko, C⁶ H³ Az O² 30.
— Bien ! Avec de l'acide sulfurique et du savon noir... ça ira !

— Nous sommes perdus! ton père est du jury...

4   5

— On ne t'attendait plus pour dîner.

— Il s'agit bien de ça! Je viens d' faire mon devoir... Maintenant, vite les malles... Filons!

(Janvier 1894).

— Devine avec qui nous dînons ce soir chez les Reypus? Avec le juge d'instruction qui a fait fureter chez nous, il y a un an, jour pour jour !

— Est-ce qu'on n' va pas bientôt me l' nommer préfet, celui-là?...
J' commence à en avoir soupé de sa tête!...

Mme la duchesse d'Uzès se propose
d'adopter la fille de Vaillant.

(Janvier 1894).

— Ah! là, là! J' t'écoute que j' les f'rais tous sauter, si j'étais sûr qu'eun'
duchesse nous l'adopte.

— Les deux Français qui ont écrit hier à monsieur sont dans le salon.

LE MORIBOND DE BOURNEMOUTH. — J'y vais; apportez-moi ma robe de chambre et mes béquilles.

(Février 1894).

— Ça s'rait drôle, tout de même, si j'avais la même cellule que l'année dernière !

— Mon cher Prince, je vous ai fait venir pour rassurer l'Europe... et surtout pour vous lire une pièce en cinq actes.

— Ainsi, c'est entendu! Je t'envoie demain par mon valet de chambre un « complet »
et deux bombes!

(Février 1894).

— Papa est r'lâché!... Non-lieu!...

(Février 1894).

— Madame vient de m' dire qu'elle nous donne ce soir sa loge à...
— Parbleu! à présent qu'y a du danger!

(Mars 1894).

— C'est pien; on vous fera venir au dessert.

— Que j'entre dans l'église, c'est impossible, ça, ma petite Marianne!
Mais après la cérémonie, viens me retrouver en face, à la brasserie.

(Mars 1894).

— C'est pas la peine d' me r'garder comme ça... J' s'rai peut-être ministre avant qu' tu sois seulement devenu brigadier.

19

— Vos besoins sont les miens, vos aspirations sont les miennes! Je sais que vous ne voulez plus d'une constitution calquée sur l'orléanisme...

— Si monsieur le ministre voulait voir un nègre? C'est très curieux.

(Mars 1894).

— Dis donc, mon vieux colon, si Poubelle vient et s'il veut en griller une, mon tabac est là dedans.

— Enfin, citoyens, vous le voyez vous-mêmes... je n'inventais pas :
M. Poubelle nous brave !

— Les habiles ou les rêveurs qui promettent, à la foule trop nombreuse de ceux qui souffrent, l'entrée prochaine dans une sorte d'Éden terrestre, ne font que les détourner de...

— Mais, monsieur le député, Charles X a dit tout cela à mon père.

24

— Ces papiers sont l'œuvre d'un faussaire... Combien en veut-il?

— Eh bien! mon pauvre homme, te voilà dans un bel état!
— Oui, mais mon comité m'a porté en triomphe.

(Avril 1894).

— Oui, mon ami, réjouissez-vous. La démocratie vous donne en réalité une participation de plus en plus large aux jouissances générales, matérielles ou morales, qu'a amenées le progrès social dans ses multiples manifestations.

— Comme c'est clair !

— Dites-moi, monsieur le comte, alors, comme ça, j' peux prendre *Saint-Ferjeux* gagnant et *Canada* placé?...

Le geste est beau.

— L' citoyen Caumeau m'a dit : « Toutes les consommations sont payées »...
Jamais un patron n' m'a dit ça.

UN INTERVIEW

(Mai 1894).

LE REPORTER. — Et vos fameux dossiers?

L'ÉLU DE LOCHES. — Ils vont paraître incessamment avec une préface de M. le docteur Cornélius Herz.

— Mon ami, où f...tons-nous le nonce?

(Mai 1894).

—J'ai une fâcheuse nouvelle à t'annoncer... Casimir ne dîne pas avec nous ce soir!

— Franchement, ils auraient bien pu nettoyer avant de partir... Je viens de trouver dans la toilette des vieux bigoudis et la *Clef des songes!*

— Veux-tu lui faire une bonne blague?... Allons chercher Constans.

— Alors, ces messieurs du Musée m'ont dit : « Venez lundi, et, si vous êtes
discret, on vous fera retoucher la « Joconde ».

— Vétéran de la démocratie, je viens humblement, monsieur le ministre, solliciter

Sous CASIMIR PÉRIER

— Ami, une trique vient de pousser à l'arbre de la Liberté.

— Que veux-tu que j' te dise?... C'est fait. Mais avoue toi-même que Brisson n'aurait pas été rigolo.

— Eh bien! que pense le faubourg Saint-Germain?
— Je vais être franc, monsieur le Président. On voudrait vous voir venir au col droit... parce que... plus correct.

Le nouveau président ne
fait partie d'aucun des grands
cercles de Paris.

(*Extrait d'un communiqué.*)

(Juillet 1894).

— J'ai eu très peur, je l'avoue!... On m'avait dit que vous étiez du Jockey.

44

— ...et enfin, mesdames et messieurs, il est aussi franc-maçon !

Entre la poire et le couteau.

— Pardon!... voilà à peine huit jours que nous nous connaissons.

— Pour votre gendre? Glissez dans son linge une collection du *Père Peinard*, envoyez une lettre anonyme au préfet... et vous serez tranquille jusqu'à la rentrée.

LE PÉRIL ANARCHIQUE

APRÈS L'ACQUITTEMENT

(Août 1894)

UN JURÉ. — Ça me rassure quand on les arrête, et ça nous fait plaisir
quand on les relâche.

49

7

(Août 1894).

— Il paraît que vous êtes innocent... Mais n'y revenez plus !

— Je pense que vous n'allez pas, sous prétexte qu'il y a des pauvres, m'attirer des curés chez moi!

(Août 1894).

— M'a-t-on trouvé quelqu'un pour endosser l'affaire Barrême?

— Elle est en pénitence pour avoir dit à un petit camarade que les enfants naissent sous un chou.

AUX FUNÉRAILLES DU COMTE DE PARIS

(Septembre 1894).

UN AGENT DE LA PLACE BEAUVAU. — Nous avons tout vu, tout entendu; le rapport est fait... Allons maintenant demander à dîner à Cornelius Herz.

(Septembre 1894).

— Brigadier, où sont vos hommes?

— Mais, comme d'habitude... deux sont avec des bouquets au passage à niveau; j'en ai quatre dans la foule, pour acclamer; et les trois autres sont allés coffrer un suspect.

(Septembre 1894).

— Si on ne dirait pas qu'elle va à la messe !

(Octobre 1894).

— J'ai promis un bureau de tabac, une gare, huit croix!... Quant aux
dîners, je les rendrai avec des palmes.

8

— Mais c'est l'ancienne guimbarde de l'Empereur ?
— Parbleu ! Je suis monté dedans au 4 septembre.

— Le ministre est furieux, et il a raison. Il fallait aller fourrer cent francs dans leurs paillasses... On ne doit pas mourir de faim en République!

— Pourquoi cette hostilité ?

— Parce que, pour eux, tu n'es qu'un amateur... Tu n'as pas fait tes classes au café de Madrid.

Les Cook's : — Et ici ?
— Ici, c'est un bureau où des généraux n'ont pas le droit d'entrer.

—Ah !... c'est vous l' député ? Eh bien, ici, mon garçon, vous allez apprendre à vous taire !

Un gérant de tripot. — Oui, monsieur, rien qu'un de ces gens-là m'a extorqué soixante mille francs !

L'Avocat. — Et vous avez porté plainte? Ça peut devenir dangereux pour vous...

(Décembre 1894).

— Sur l'honneur! aussi vrai que je viens de passer deux jours au Dépôt, je vous jure que nous n'avons jamais fait chanter un honnête homme.

A LA MÉMOIRE DE M. FERDINAND DE LESSEPS.

— Six heures que j'attends !! V' seriez bien gentil de m' dire si mon client est arrêté.

Le capitaine Dreyfus a été à l'unanimité condamné à la déportation perpétuelle dans une enceinte fortifiée et à la dégradation militaire.

(Décembre 1894).

D'Alsace : « Bravo ! »

C'est le Panama qui recommence!

(Décembre 1894).

— Vous avouez que le journal tirait à 1,600, et vous ne vous demandiez pas d'où venait l'argent?

Le rédacteur. — Mon Dieu, monsieur le juge, nous croyions tous que ça venait des fonds secrets.

— Méfie-toi, Marianne, ça va empoisonner la Seine !

LE TYRAN. — Vous avez raison, mon cher Lafargue, si je le gracie, on dira que je pose. —

Sous FÉLIX FAURE

(Janvier 1895).

— Allez me chercher le tailleur de M. Carnot.

(Janvier 1895).

Le retour du Proscrit.

— Eh! pourquoi, messieurs, n'irions-nous pas tout bonnement chez notre collègue lui demander à déjeuner? Je ne vois que lui qui puisse amicalement nous éclairer.

— Et les juges, monsieur le Directeur?

— Charmants! Aussi, dites aux pontes que j'autorise la « poussette »
pendant un quart d'heure.

— Il n'y a pas gras...
— Ah! ça n'est plus M. Constans!

— ... Enfin vous devez bien avoir un papier quelconque... une quittance de loyer?...

— Y a longtemps que j' n'ai plus d' quittance de loyer, mais v'là ma carte d'électeur.

— Huit jours de permission si tu trouves le moyen de me flanquer ce civil
au bloc... C'est un député!

(Mars 1895).

— Parlez plus bas, monsieur le député ; mes hommes ne votent pas.

— La veuve du jardinier demande un secours.
— Les femmes votent-elles?
— Non.
— Alors c'est inutile.

(Mars 1895).

— Le pont de la Concorde?
— Ya.
— Vous lui tournez le dos ! C'est le pont d'Iéna.

84

(Avril 1895).

—Mon cher ministre, un électeur a été provoqué par la vue d'un prêtre en uniforme. Aussi, comme député et vénérable de notre loge, je vous demande les palmes pour ce courageux citoyen.

Le grenier de la mairie du Havre.

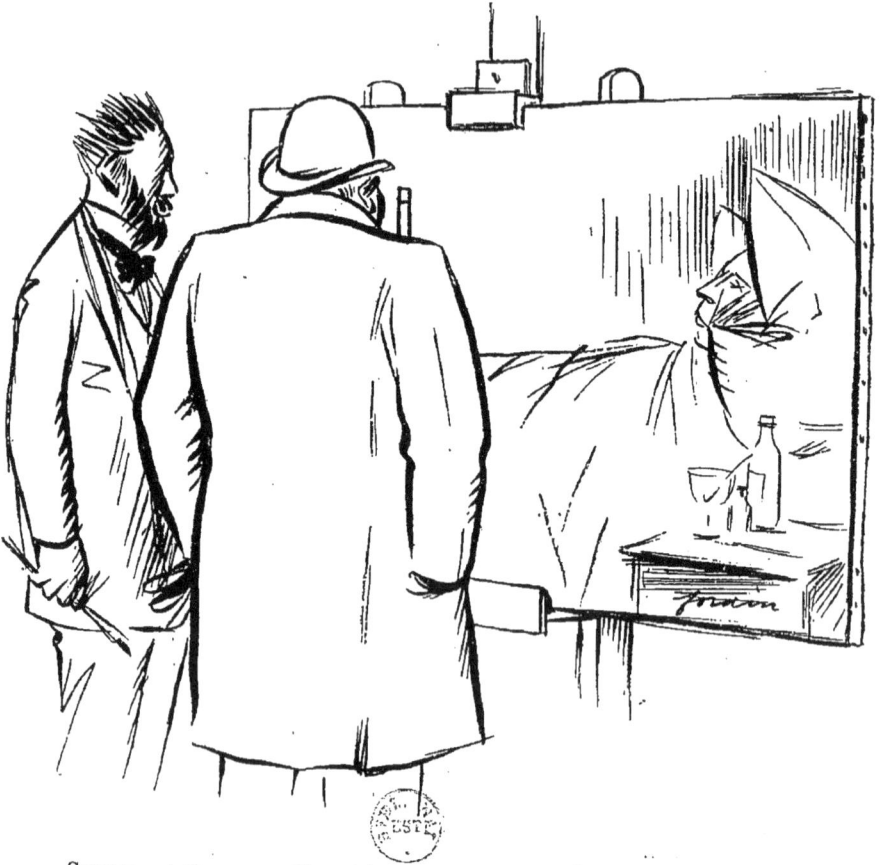

CORNELIUS HERZ. — C'est bien mon portrait... mais quel malheur que vous ayez manqué le Salon !

VOYAGES MINISTÉRIELS

(Mai 1895).

— Dépêche-toi, j'entends le ministre! Voilà tes gants et ton écharpe.
— Et les lettres anonymes?
— Je les ai mises moi-même à la poste.

(Mai 1895).

Cherchant l'équilibre du budget.

EN ROUTE POUR KIEL

(Juin 1895).

— Qu'est-ce que tu as?
— Je n' sais pas; c'est la première fois qu' ça m'arrive... J'ai mal au cœur !

— Quel toupet de m'envoyer là avec un manteau déchiré !

L'EXPOSITION NAPOLÉONIENNE

(Juin 1895).

— En voilà un qui a été à Kiel.

(Juin 1895).

— Un de nos collègues, messieurs, voudrait-il me confier son mandat
d'amener? Je vais le transformer en non-lieu.

— Voulez-vous parier que je vais vous f... au bloc?

(Juillet 1895).

— Ça te va bien !
— Eh !... eh !... on ne sait pas !

(Juillet 1895).

— Mais... voilà une cellule Louis XVI.

— Oui, messieurs, ça vient du garde-meuble. (*Confidentiellement :*) Vous le voyez, Cornélius n'aurait pas été à plaindre.

(Août 1895).

— C'est là-bas que j'ai pris ma première pendule.

(Août 1895).

Les verriers attendent que la Compagnie ne soit plus en grève.

(Août 1895).

LE DÉPUTÉ. — Vous voulez retravailler? Vous me dégoûtez! Vous écoutez vos femmes... Vous manquez d'estomac!

FÉLIX. — Sérieusement, dites-moi donc ce qui se passe à Madagascar?

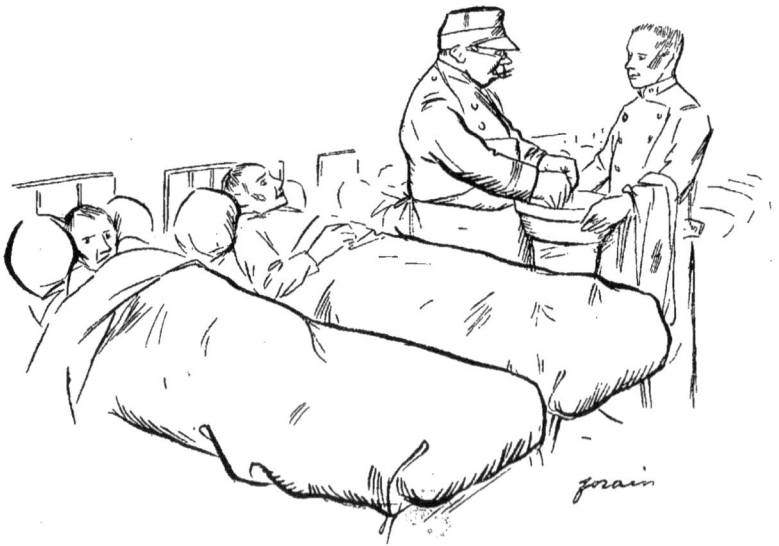

— Donnez-leur tout ce qu'ils demandent... excepté de quoi écrire.

(Septembre 1895).

Un envoi à Madagascar.

(Septembre 1895).

— On allait le décorer...

— Cette pièce ne nous regarde pas. Nous sommes ici pour les décès.

APRÈS LE CONSEIL DES MINISTRES

(Octobre 1895).

— Qu'est-ce qu'ils ont dit?

— Que le général Duchesne sera demain à Tananarive. Alors celui-ci s'est écrié : « Prenons garde, messieurs, d'en faire un Boulanger ! »

— Combien ces chaussettes?
— Deux schellings six pence.

Le GENDARME. — . . Nous l'avons trouvé dans un chemin creux ; il prétend être Magnier, sénateur.
Le COMMISSAIRE. — Je ne le crois pas ... En tout cas, relâchez-le.

— Est-ce que vous entendez quelque chose ?
— Pas plus que vous... On juge un muet.

(Octobre 1895).

Son épouse. — Une lettre recommandée??... Si c'était un chèque !
Le député. — Un chèque?... Il est passé, ce temps-là !

(Octobre 1895).

Une boutique de curiosité à Carmaux.

— Ah! que ne suis-je au Havre!

(Novembre 1895).

LA FEMME DU MINISTRE. — J'espère bien que quand nous reviendrons vous serez encore là.

— Aussi je ferai remarquer à madame que je ne la fouille pas et que je devrais le faire.

— Ma potion n'est pas prête?
— Vous ne le voudriez pas! Mon mari vient d'être nommé ambassadeur!

INTÉRIEUR PARLEMENTAIRE

Novembre 1895).

— C'est demain que tu passes devant la commission d'enquête?... Je ne suis pas tranquille.
— Tu es folle! Ne dirait-on pas que c'est la première fois que ça m'arrive!

— Vous ne passerez plus aujourd'hui, monsieur le curé. Le ministre travaille avec l'abbé Rosselot.

— Et vous, par qui l'avez-vous su ?
— On me l'a téléphoné de l'Intérieur.

(Novembre 1895).

— Carmaux est fini.

Deux députés :

— Si nous tentions du côté d'Anzin?

(Décembre 1895).

— Toi, faire de la résistance à la Chambre? Pauvre ami!... Ce serait au Sénat comme ici!...

L'ATTENTAT DE L'ÉLYSÉE.

Décembre 1895).

— John, veuillez leur dire, une fois pour toutes, d'envoyer mes factures à l'ambassade de France... Il y aura toujours quelqu'un qui payera.

LE VENT D'OUEST.

(Décembre 1895).

— Et tout ça, parce que nous avons eu une cuisinière qu'on suppose
avoir été chez Arton.

— Tu sais que je ne vis plus depuis que j'ai vu ton nom sur la liste.
— Mais c'est ce qui pouvait m'arriver de mieux, puisqu'elle est fausse !

— Tiens, tu m' fais mal avec tes ennemis les Anglais!... Il est peut-être Anglais, celui-là.

(Janvier 1896).

— Qu'est-ce qui te fait rire?
— Je pense à la gueule que va faire Clément en ne trouvant que des cendres.

— Vous savez, monsieur le ministre, les arrestations et les perquisitions font un bruit énorme !
— C'est parfait, et cela nous allège des histoires Arton, Dupas... et le « reste ».

— Il souffle un mauvais vent sur la presse.

— Le cocher de M. Favette, je le connais, il n'existe pas; c'est un nommé Peau d' Balles.

LE MINISTRE. — La perquisition que je fais faire chez vous doit être terminée... allons déjeuner.

(Février 1896).

— Vous êtes bien tous les mêmes !... M. Baïhaut aussi m'avait promis les palmes !

Devant la gare de l'Est.

(Février 1896).

MARIANNE. — Dites donc, est-ce que vous attendez que le bateau coule, pour monter sur la passerelle, monsieur le Président?

LE MINISTRE DES AFFAIRES ÉTRANGÈRES. — Enfin seuls !

LE GARDE DES SCEAUX. — Je fais, en ce moment, perquisitionner chez Bourgeois.

(Mars 1896).

M. BOURGEOIS. — Ah! ah! son courrier? Eh bien! dites-LUI qu'il n'y a rien dedans LE concernant et que j'y fais répondre.

L'ÉCONOME. — Stupides moribonds! Avec vos chapelets et vos scapulaires, vous me faites rater ma croix!

CUISINE BOURGEOISE

(Mars 1896).

— Je l'ai entendu dire que vous épiciez un peu trop vos plats.

Le chef. — Oui... Il regrette ses blanquettes du Havre! S'il n'est pas content, qu'il s'en aille!

Au café de la Paix.

— Puis-je voir mon vénéré maître?

— M. Berthelot ne reçoit pas... il prend une leçon d'anglais.

LE PRÉSIDENT DU CONSEIL A UN INTIME. — Tiens, écoute-LE... tu vas juger jusqu'à quel point nous LE tenons.

— Où est le cireur de bottes?
— On vient de le nommer sous-préfet.

141

LUI A UN AMI : — Que feriez-vous à ma place?
— J'achèterais de la rente.

DANS UN GROUPE DE RADICAUX. — Mes amis, croyez-moi, f...ns-leur une bonne grève dans les jambes !

— Vous n'êtes pas de force... Vous y auriez perdu vos guêtres!

APRÈS LE MINISTÈRE DE LA VERTU

(Mai 1896).

— Eh ben! ils en ont laissé un désordre et une saleté ici!
— J'vous crois! Nous avons trouvé la boîte à ordures dans le salon.

(Mai 1896).

— Je voudrais bien savoir... que fera ce jeune homme...

— Allez-vous voter l'impôt sur la rente ?

LE DÉPUTÉ. — Hélas ! il le faut bien, pour sauver le ministère !

ANNEXION

(Juin 1896).

— Voici le décret qui vous nomme chef du service anthropométrique à Madagascar.
— Mais... et les malfaiteurs?
— L'administration y pourvoira.

— Tu vois!... on se prépare à monter en daumont.
— IL a de la veine ! Il y a six semaines, j'aurais bien parié cent sous qu'IL serait pas allé au Grand Prix.

— Je vous demande ce que font ces gens-là?
— Mais ça se voit bien : ce sont de dangereux citoyens.

L'ANNEXION

(Juin 1896),

LE FONCTIONNAIRE A L'INTERPRÈTE. — Allez annoncer dans les cases que l'esclavage est aboli à Madagascar, et qu'il sera fait une distribution d'absinthe à l'occasion du 14 juillet.

— Vous allez commettre une infamie. Vous voulez m'opprimer et m'appauvrir, et vous n'enrichissez personne!

— C'est vrai, rentier, mais... la Liberté, c'est vieux jeu! Nous en sommes à l'Égalité.

L'IMPOT SUR LE REVENU

APRÈS LE VOTE

(Juillet 1896).

— Je vous croyais POUR !

— Oui! mais, que voulez-vous? J'ai besoin, pour le 14 juillet, de deux croix et de quinze palmes !

Conservateur à Versailles, socialiste dans le Midi, libre penseur dans le Nord, franc-maçon en Touraine, catholique en Bretagne.....

(Juillet 1896).

— Il vient de parler de notre marine à un amiral ; il l'a épaté.
— Parbleu ! il vient de Berlin.

LE COMMIS VOYAGEUR. — Prenez-moi, au moins, cent litres d'absinthe comme d'habitude.

— Vous êtes bon, vous!... A présent que les députés n' peuvent plus s'en mêler, les grèves vont durer trois jours, au plus...

Des petits à qui nos ministres ne parlent pas.

(Août 1896).

— Tiens! je vous croyais au milieu de vos électeurs?
— Il est bon, lui! On voit bien que ce n'est pas lui qui a promis les bureaux de tabac!

AU HAVRE, LA VEILLE DES FÊTES RUSSES

(Août 1896).

— Il dort comme ça depuis trois jours; il n'y a guère que cent un coups de canon qui pourraient le réveiller.

— Allons féliciter le ministre.

162   163

— All right!
— Beautiful!
— Very splendid!

165

23

— Vous devriez comprendre que, si je voulais un roi, je sais bien où le trouver!

Service de la Présidence.

(Septembre 1896).

— Mais c'est moi, moi, qu'on vient voir!... Tu ne lis donc pas les journaux?

MARIANNE. — Ce n'est pas que j'y tienne; mais pourquoi ne veux-tu pas de députés avec nous?
F. F. — Ma chère, quand on invite quelqu'un à dîner, on ne lui montre pas la cuisine.

— Mais, monsieur, not' fils est dans un régiment là-bas...
— J' m'en f... on n'entre pas sans cartes.

(Octobre 1896).

— Qu'est-ce que tu vas faire à la revue de Châlons?

LE RADICAL. — Voilà bien les femmes! Tu oublies que j'ai été colonel
pendant la Commune.

— Qu'est-ce que c'est que cette note de 1,750 francs?
— C'est ma toiletté de gala!
— Je n'ai pas d' galette pour ça.
— Eh bien, et les fonds secrets!

— Dites donc, vous ne vous êtes pas foulé sur cette toile.
— C'est une commande de l'État.

LE RÉDACTEUR EN CHEF : — Allo! allo!... Est-ce que l'article nécrologique de Bismarck est prêt?

(Novembre 1896).

Le jour d'audience du ministre, la veille d'une interpellation,
on savoure l'*Intransigeant*.

26

Le Cercle des études sociales à Carmaux.

— Je ne peux pourtant pas chanter la *Carmagnole* dans mon église!

(Novembre 1896).

— Tiens, une chose qu'on nous cache au régiment.
— Quoi donc?
— Qu'un colonel peut engueuler un général.

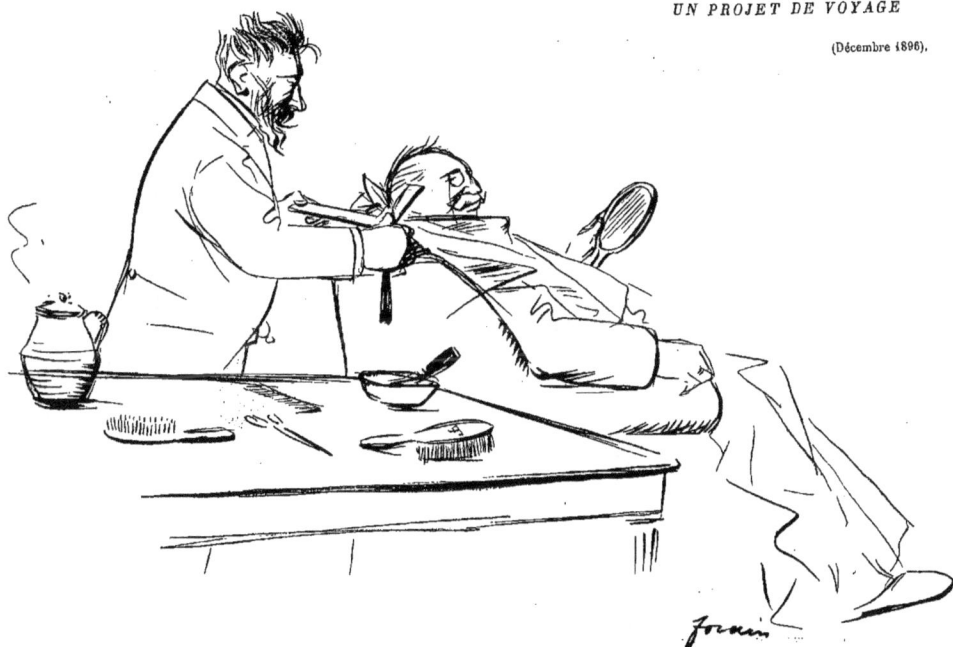

— Je l'avoue... j'aimerais à signer un décret de Moscou.

— Pourquoi qu' t' es à la boîte?

— Parce que j'ai dit qu'on dépense 700 millions pour l'armée et que j'y suis d' ma poche, quand j'ai soif.

— On ne traite pas de voleur un fournisseur qui vend à faux poids, quand il est délégué sénatorial! Habille-toi et va lui faire des excuses!

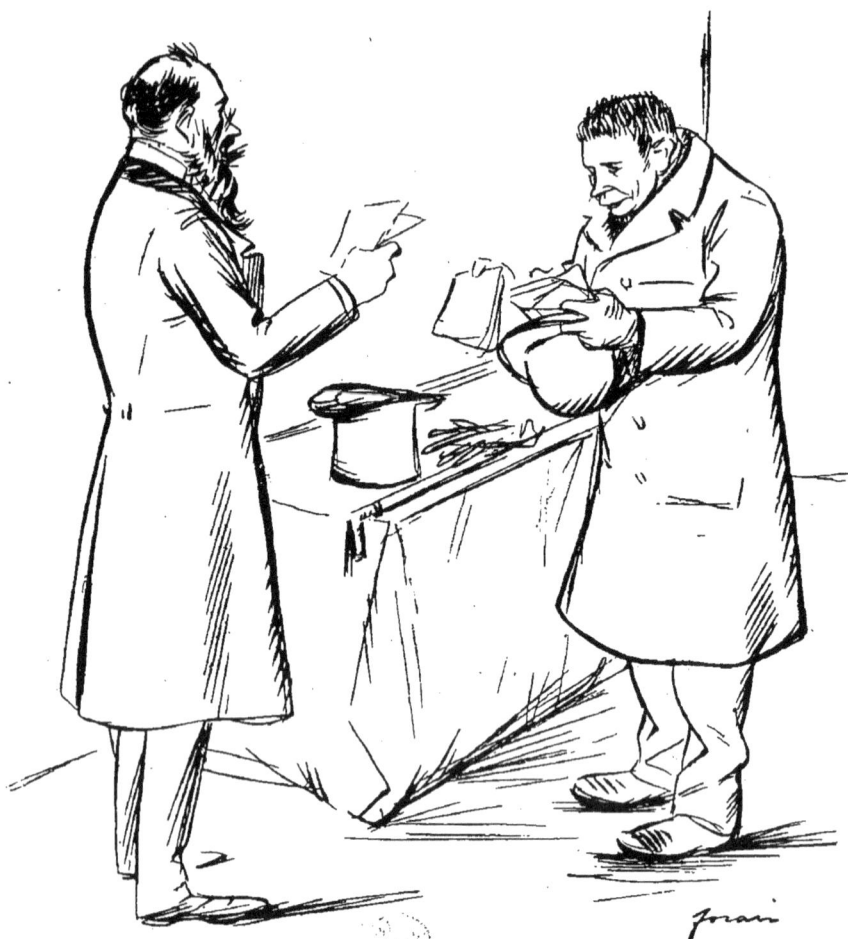

— ... ensuite, j'ai servi deux ans chez un député.
— Ça n'est pas une référence.

— Tout compte fait, elle n'aura pas été trop mauvaise... pour MOI.

— Eh bien! voilà notre Constans tombé; il a fait assez de mal à la République.

— Oui, en donnant trop d'argent aux républicains... sur les fonds secrets.

— Voilà la tenue rêvée pour toucher un chèque!

— Quel est l'imbécile qui m'interrompt?
M. Gérault-Richard.

(Séance de la Chambre du 18 janvier 1897).

L'Imbécile. — Tu n'entends rien à la vie parlementaire; si je m'étais nommé, il m'aurait appelé voleur!

MARIANNE. — Encore un coulage de 35 millions! On finira par me prendre en grippe.

— Hé! m'sieur l' curé!... vous perdez votre bréviaire!

— Essuie-toi les mains et allons dîner.

— Il n'y a plus d'Arméniens; l'Europe se charge des Grecs... Elle est bien bonne!

— Hanotaux devrait savoir que ce café m'empêche de dormir.

(Mars 1897).

UN AVOCAT. — Eh bien ! monsieur le président, Arton mange le morceau ?

LE MAGISTRAT. — Oui... ça fera arrêter d'honnêtes gens que nous serons contraints d'acquitter faute de preuves.

Un peu lourde, la dame.

(Mars 1897).

— Tiens! deux agents devant la maison!
— Quelle rosse que cet Arton!

UNE PARADE

(Mars 1897).

UN DÉPUTÉ. — Monsieur le commissaire, voici un portefeuille que je viens de trouver en sortant de la Chambre ; il contient 500 francs, veuillez m'en donner un reçu.

« Le destin a interrompu brutalement sa vie au détriment certain de son pays. Elle est une leçon et un encouragement pour les jeunes générations qui arrivent à la vie publique. Puissent-elles s'inspirer de cet exemple! »

(*Discours de M. Dupuy sur une tombe le 16 décembre 1894.*)

— Ma fille, qui vous a dit que nous ne serions pas inquiétés ?
— J' tiens ça d' la blanchisseuse d'Henri Rochefort.

— Une fois pour toutes, mon cher curé, ne me demandez donc jamais rien devant mes électeurs! Ça me compromet... Alors je deviens grossier.

TOURNÉE PRÉSIDENTIELLE

(Avril 1897).

— Je trouve qu'on est injuste pour LUI; on ne l'a pas élu pour nous rendre l'Alsace.

— Si tu veux savoir comment nous avons été roulés en 1870, lis les nouvelles de Grèce.

Et tout cela finira par deux emprunts.

— Tant qu'ils se battront, nous n'avons rien à craindre. Mais gare à la paix !

LA DERNIÈRE CRISE

PARIS

TYPOGRAPHIE DE E. PLON, NOURRIT ET Cie

RUE GARANCIÈRE, 8

www.ingramcontent.com/pod-product-compliance
Lightning Source LLC
Chambersburg PA
CBHW070617100426
42744CB00006B/521